LE

MINISTÈRE DE LA GUERRE

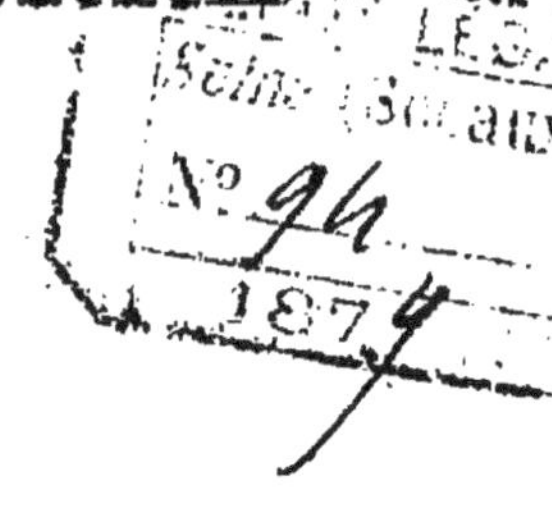

SOUS LA COMMUNE

PAR

L. SEGUIN

Chef d'état-major de L.-N. Rossel

Prix : 40 Centimes.

EN VENTE :
CHEZ CHELU, GALERIES DE L'ODÉON
PARIS

1879

LE

MINISTÈRE DE LA GUERRE

SOUS LA COMMUNE

(5 avril-12 mai. — Cluseret, Rossel)

Quæque ipse miserrima vidi!

Huit ans se sont passés depuis la chute de la Commune. Bien des conséquences de la défaite pèsent toujours sur les vaincus, bien des blessures saignent encore. Mais les esprits ont retrouvé un peu de calme, la parole est rendue à quelques-uns d'entre nous ; on peut rompre un silence forcé et raconter ce qu'on a vu. Échappé à la tempête, on songe aux dangers courus, aux fatigues endurées, aux amis moins heureux que la tourmente a engloutis. S'il s'en trouvait parmi eux un plus grand ou plus cher, on s'efforce de faire revivre dans sa mémoire ces traits aimés qu'on ne reverra plus. Ils forment un centre, autour duquel se groupent d'autres physionomies souriantes ou austères, enthousiastes ou tristes, qui toutes rappellent une illusion ou un désespoir, un héroïsme obscur, un martyre inconnu. On ne peut se résigner à la pensée que tant d'efforts non seulement soient demeurés stériles, mais soient encore condamnés à l'oubli. On voudrait les produire au grand jour, les faire vivre dans la mémoire des hommes. C'est une loi de l'histoire qu'une foule de noms et de faits ne parviennent à la postérité que grâce à leurs rapports avec un homme remarquable ou un événement fameux, et la Commune marquera dans l'histoire, et le nom de l'infortuné Rossel ne périra pas.

En essayant de raconter les six semaines que j'ai passées au ministère de la guerre avec Louis-Nathaniel Rossel, je me suis efforcé de faire connaître, tel qu'il m'est apparu, ce jeune homme de vingt-sept ans, tombé au début d'une carrière qui promettait d'être si belle ; j'ai aussi désiré sauver de l'oubli des hommes et des faits qui méritent de ne pas rester inconnus.

Après tant de récits hostiles, — que la loi protégeait contre toute contradiction, — j'apporte le témoignage d'un homme assez bien placé pour beaucoup voir. On ne trouvera dans ces pages ni menaces, ni récriminations. Je ne parle que de ceux avec qui j'ai vécu durant ces deux mois terribles. Je ne dis rien de nos ennemis. Plus d'une fois, sans doute, j'ai dû me tromper sur un fait et sur un homme, mais je n'ai jamais dit que ce que je croyais être vrai. Que chacun en fasse autant; c'est avec de tels matériaux que plus tard se fait l'histoire. Puissent nos efforts, nos erreurs, nos fautes, nos misères, servir au moins d'exemple à ceux qui lutteront comme nous !

Le 3 avril 1871, après avoir cinq ou six fois changé les commandants des forces insurrectionnelles, la Commune nomma le général Cluseret au ministère de la guerre, à la place de M. Eudes. Cluseret prit pour chef d'état-major Rossel, capitaine du génie, qui vers la fin de la guerre allemande avait commandé le camp d'instruction de Nevers avec le grade de colonel.

Le 5 au soir, je me présentai au ministère. Quelques détails feront voir l'état de ce ministère deux semaines et demie après le 18 Mars, et quatre jours après l'ouverture des hostilités.

En entrant dans le vestibule, je rencontrai un capitaine américain, accusé plus tard de n'avoir été qu'un loup dans la bergerie. J'offris mes services, comme officier ou comme secrétaire. Le capitaine, sans me faire la moindre question, m'introduisit dans une vaste pièce. Un jeune homme recruté en même temps et de la même façon fut installé avec moi devant une table, et nous nous mîmes à copier des circulaires pour les chefs de légions. A six heures, nous allâmes dîner, et, à mon retour, je fus introduit dans le cabinet du ministre.

Assis à une table, sous une lampe, un jeune homme écrivait. Il était en habit civil, d'une taille un peu au-dessus de la moyenne, sa barbe blonde qu'il portait tout entière le faisait paraître un peu plus âgé qu'il ne l'était. Ses cheveux épais, de couleur châtain clair, descendaient assez bas sur son front. C'était Rossel. Il leva la tête, fixa sur moi ses yeux bleus perçants et me posa quelques questions d'une voix brève, claire, musicale. Il me montra un bureau, je m'assis et me mis immédiatement à l'ouvrage. Quelques jours après, Cluseret me nomma sous-chef d'état-major, et, quand il fut nommé délégué à la guerre, Rossel me choisit pour chef d'état-major.

Les six ou sept personnes qui se trouvaient dans le cabinet, le soir du 5 avril, composaient à ce moment tout le personnel *actif* du ministère de la guerre. Qu'on y ajoute quelques huissiers avec dix ou douze jeunes employés, qui venaient chaque jour flâner quelques heures dans leurs anciens bureaux, et l'on aura l'idée exacte des ressources administratives avec lesquelles il fallait organiser la défense de Paris, et former une armée qui, pour répondre aux besoins les plus urgents, devait être portée à 80,000 hommes.

On se mit à l'œuvre sur-le-champ. Les inutiles furent

congédiés, tous ceux qui s'offrirent furent acceptés : jeunes gens instruits animés du désir sincère de servir la cause ; pauvres diables que la crise politique laissait sans ouvrage, et aussi plusieurs intrigants qui comptaient garder leur place si la Révolution triomphait, et qui tous disparurent, lorsque l'horizon s'assombrit. Suivant leurs aptitudes, on en fit des aides de camp, des employés, des secrétaires. Pour les avoir sous la main, on les installa dans l'hôtel même de l'ex-ministre ; chambres à coucher, salons et boudoirs furent envahis par nos bureaux improvisés. Un appareil télégraphiqne fut établi dans la salle de billard, relié au bureau central, et par là aux forts, à la place, aux casernes. On travaillait dix à douze heures par jour, et dans les premiers temps, la solde était la même pour tout le monde : cinq francs.

Le nombre des officiers d'état-major fut porté à douze, puis à dix-huit, et ce n'était pas trop. Que parmi ces hommes ainsi recrutés au hasard il se soit glissé quelques personnages tarés, qui s'en étonnera ? Toutefois il y en eut peu. La plupart de nos aides de camp étaient de jeunes hommes, intrépides et intelligents, et qui valaient, somme toute, les officiers de plus d'un état-major régulier.

Une croyance absolument fausse a pris place dans la légende officielle de la Commune. Elle repose sur la réponse faite devant une cour martiale, par le citoyen Férat, membre du Comité central.

Il avança que l'état-major de Cluseret « n'était composé que d'étrangers. » Or, tant que Cluseret fut au ministère, il n'y eut qu'un seul étranger admis dans son état-major. C'était le capitaine américain dont j'ai parlé, et il quitta le ministère le 15 ou le 16 avril. Sous Rossel, l'état-major général compta, sur dix-huit officiers, un Belge et un Hollandais ancien officier dans l'armée des Indes néerlandaises.

Rien de plus simple que le train du délégué à la guerre. Cluseret couchait dans la chambre occupée en temps ordinaire par l'officier de service ; Rossel, dans une chambrette très simple, et le sous-chef d'état-major dans une soupente, asile ordinaire d'un garçon de bureau ou d'un soldat d'ordonnance. Les aides de camp et les secrétaires mangeaient et couchaient chez eux, hormis quand ils étaient de service ; alors ils dormaient étendus sur les canapés ou sur le tapis. Vers le commencement de mai, on permit aux aides de camp d'établir dans le ministère une sorte de *mess* ; à cet effet, il leur fut alloué un supplément de solde de deux francs par jour. Il y a loin de là, comme on voit, aux fêtes et aux interminables banquets dont le ministère aurait été le théâtre, d'après la légende [1].

1. Les correspondants des journaux anglais, qui partagèrent

Cluseret, ancien officier dans l'armée, avait quitté le service pour s'adonner à l'agriculture. Puis, ayant repris l'épée, il avait fait en 1860 la campagne des Deux-Siciles, avait passé en Amérique durant la guerre de Sécession et avait atteint dans les armées du Nord le grade de général. Il a été violemment accusé même de trahison et de malhonnêteté; ces deux accusations sont, à mon avis, également mal fondées. La première fut abandonnée par la Commune elle-même. La pauvreté de cet homme, qui eut plusieurs occasions de s'enrichir, me dispense d'examiner la seconde. Pendant son passage au ministère, il vécut modestement. Il se logea dans un coin et n'endossa pas une seule fois l'uniforme. Il peut n'avoir pas été à la hauteur de sa mission, mais il ne faut pas oublier que la situation était terrible, et qu'un génie de premier ordre eût à peine suffi à la tâche.

Les premiers efforts de l'attaque versaillaise furen dirigés contre le front ouest de Paris, là où le Mont-Valérien servait de point d'appui aux assaillants et où le bois de Boulogne, balayé par les feux de la forteresse, facilitait les travaux d'approche. De ce côté commanda jusqu'à la fin le général Dombrowski. C'était un homme de trente-trois ans, blond, petit de taille, avec les défauts et les qualités de sa race. Il avait fait son apprentissage

quelquefois le repas plus que modeste de Rossel et de son chef d'état-major, peuvent corroborer la vérité de ce que j'avance.

de la guerre à l'armée du Caucase, et avait servi dans l'insurrection polonaise de 1863. C'était un vrai chef de troupes irrégulières, sobre, infatigable, brave jusqu'à la folie : nul n'était plus capable d'entraîner une colonne d'attaque ou de maintenir ses soldats sous le feu. Je n'oublierai jamais la première fois que je le vis. C'était la nuit; il était venu au ministère pour concerter les mesures nécessaires à l'attaque de Neuilly, qu'il enleva le lendemain au général Douay. Cluseret était absent, il l'attendit. Sa petite taille était serrée dans son uniforme, la lumière des lampes éclairait son visage énergique et bronzé, il marchait à grands pas, et son long manteau de cavalerie, que soulevait son sabre, traînait derrière lui sur le tapis. Il fut d'abord commandant de place, puis chef de l'aile droite. Avec moins de douze cents hommes, il se maintint jusqu'au bout dans Neuilly contre les trois divisions de M. Ladmirault qui avait remplacé M. Douay dans cette portion des lignes versaillaises. Quelques membres de la Commune avaient en Dombrowski la plus entière confiance, d'autres se défiaient de lui. Pour lui, du reste, les événements de Paris n'étaient qu'une étape, une occasion de se faire un nom qui le mît à même de jouer un grand rôle dans la future insurrection polonaise. Il aspirait au commandement suprême, et, trop occupé d'intrigues politiques, il négligeait un peu son service militaire, s'en reposant sur ses subalternes. Ce fut à quelques centaines de pas de son quartier général que l'armée de Versailles pénétra dans Paris, en plein jour, par une porte laissée sans gardes ! Il mourut du moins en combattant.

L'aile gauche, de la Seine à la Bièvre, était commandée par Wroblewski. Cet officier avait, en 1863, exercé un commandement en Lithuanie. C'était un vrai soldat, rigide et méthodique. Son état-major comptait plusieurs officiers polonais rompus au service ; à son quartier général régnait un ordre assez rare dans l'armée communale. Malheureusement, ses talents militaires, ainsi que ceux de son chef d'état-major, officier de grand mérite, ne furent pas mis à profit. Les positions qu'il avait à défendre ne furent jamais attaquées sérieusement.

Entre les deux ailes, commandées par deux Polonais, le centre était placé sous les ordres du général La Cecilia, un Français, bien que son nom ait une terminaison étrangère. Ce n'était pas un soldat de profession ; ingénieur et philologue distingué, il avait professé les mathématiques à Iéna et la philologie à Naples. Mais, entraîné par son esprit aventureux hors de tous les sentiers battus, il avait, comme simple volontaire dans l'armée piémontaise, fait la campagne de 1859. En 1860 nous le retrouvons lieutenant du génie ; chef du cabinet du général Frapoli, alors ministre de la guerre à

Modène; capitaine du génie dans la campagne des Deux-Siciles. En 1870, il avait tout quitté, cinq jours après son mariage, pour servir, comme lieutenant au premier bataillon des francs-tireurs de Paris. Il avait vu Châteaudun, Coulmiers, Patay, Josnes, Alençon, et avait atteint le grade de colonel. Il fut d'abord chef d'état-major d'Eudes, puis commandant de la place, enfin commandant du centre après Wetzel.

Wetzel n'était point Allemand, comme on l'a dit, mais Français. Vers le 7 ou le 8 avril, il se présenta au ministère en uniforme de capitaine de mobiles. Il portait encore sur son képi le nom du département dans lequel il avait été levé : Allier. Sa physionomie plut à Rossel qui, jeune lui-même, aimait les jeunes hommes, et cherchait à susciter les talents cachés. Il me chargea de causer avec le nouveau venu et de voir si l'*on pouvait faire quelque chose de lui.* Après l'avoir interrogé, je répondis qu'on pouvait en faire quelque chose, un capitaine, pensais-je, ou un chef de bataillon. Rossel le nomma chef d'une légion, et plus tard amena Cluseret à lui confier le commandement des forts du Sud. Ce fut une grande faute. La tâche était bien au-dessus des forces de Wetzel. Il fut plus tard réduit au commandement de la rive gauche de la Bièvre, puis à celui du seul fort et du village d'Issy; et lorsqu'il tomba glorieusement, la tête fracassée par une balle, on venait de lui retirer ce dernier commandement, trop lourd encore pour sa main novice.

Pendant que ces officiers avec les quelques bataillons disponibles qu'on avait sous la main soutenaient les premiers efforts des assaillants, on travaillait fiévreusement au ministère. Le Comité d'artillerie, d'abord indépendant, fut placé sous les ordres du délégué. Les services des vivres, de l'habillement, de l'armement, étaient à compléter ou à créer. Cluseret, Rossel et le sous-chef d'état-major, travaillaient seize à dix-sept heures par jour. Mais sur Rossel particulièrement retombait presque tout le poids des affaires multiples et compliquées d'un ministère en plein travail d'organisation. Encore avait-il peu de temps à y consacrer. Jusque vers onze heures du matin il était possible de travailler. De ce moment jusqu'à sept heures du soir, les bureaux étaient envahis par des députations d'officiers qui venaient protester contre leurs généraux, de soldats protestant contre leurs officiers, de candidats malheureux protestant contre les élections, d'élus protestant contre les protestations. Il fallait essuyer des demandes insensées, des harangues saugrenues et répondre à toutes ces billevesées par des billevesées de même calibre. Coureurs de places, mendiants, inventeurs glissant entre les jambes des huissiers, nous accablaient de leurs réclamations, de leurs misères, de leurs découvertes que, naturellement, on ne pouvait repousser sans commettre la plus noire trahison. Un des plus curieux était à coup sûr celui qui voulait absolument que je misse un théâtre en réquisition pour y faire chanter son fils, « un garçon qui chante la *Marseillaise* que ça vous fait passer un frisson ».

A neuf heures, Rossel partait pour la cour martiale, revenait à minuit et travaillait encore une heure ou deux. Le dimanche, c'était congé à la Commune et dans toutes les administrations. Au ministère de la guerre, comme aux avant-postes, le jour du repos ressemblait exactement aux autres jours.

De sept heures à neuf heures du soir, nous avions le loisir de respirer. On profitait de cet instant de répit pour manger, formalité quelquefois négligée au milieu du jour ou pour le moins interrompue par l'audition de quelques rapports, harangues ou protestations. C'est durant ces quelques heures, au coucher du soleil, qu'il me fut donné de connaître Rossel, d'être initié aux pensées, aux sentiments, aux rêves de cet esprit vaste et puissant. Nous allions d'ordinaire à un restaurant de cinquième ordre, non loin du ministère, nous montions à l'entresol, et là, assis devant quelque ragoût plein de mystères, nous nous épanchions à notre aise. Nous causions, non du présent, il était trop triste, mais du passé et de l'avenir, des campagnes des grands capitaines, des défenses célèbres, des questions militaires controversées. Waterloo, Metz, le fort Sunter, se succédaient dans nos propos, mêlés aux vers de nos poètes préférés, à des projets de réformes sociales et à des plans de revanche contre l'Allemand. Je m'étais bien promis, s'il m'était un jour donné de revoir ma patrie, qu'une de mes premières visites serait pour cette petite pièce obscure où j'avais connu Rossel et où j'avais appris à l'aimer.

Un soir, c'était, je crois, le 12 avril (le jour, l'armée versaillaise lancée par les généraux de Reischoffen, de Metz et de Sedan, à l'assaut de retranchements intacts, de forts que n'avaient pas touchés ses obus, jonchà de ses cadavres l'approche des tranchées parisiennes), Rossel tira de sa poche et se mit à lire une liasse de feuilles détachées couvertes d'une large écriture. C'était une lettre pleine d'observations fort utiles sur la défense des places fortes, la construction rapide d'ouvrages en terre, etc. Le tout était signé : *Todtleben.*

L'auteur était, à coup sûr, un homme du métier et un ingénieur habile. Il regrettait que les généraux de la Commune n'eussent point su garder la ligne de la Seine, d'Asnières à Boulogne, et blâmait l'érection de barricades dans Paris, tout en louant la solidité de leur construction. Il donnait même un profil d'ouvrage en terre et indiquait quelques moyens de renfoncer rapidement les casemates, et de détruire les maisons occupées par l'ennemi. Chose remarquable, il recommandait pour cela l'usage des boulets pleins, tirés à courte distance dans les œuvres vives.

Nous reçûmes encore une deuxième et une troisième lettre écrite d'une autre main, mais portant chaque fois la même large signature fort aisément reconnaissable. La dernière contenait ces mots : « Paris ne peut être pris en dix ans. » C'était vrai, mais encore fallait-il qu'il fût défendu. Cluseret avait envoyé à l'ambassade Russe savoir si Todtleben n'était pas à Paris. On répondit qu'on n'en savait rien. Des informations recueillies plus tard nous apprirent que le général était à Paris vers le milieu de mars et qu'il l'avait quitté au commencement d'avril sur l'ordre de son gouvernement. Le défenseur de Sébastopol obéissait-il à quelque sympathie pour notre cause? Cédait-il à l'attrait du problème de la défense de la plus grande forteresse du monde? Était-ce même lui? Je n'en sais rien. Quel qu'ait été ce mystérieux conseiller, je tiens à le remercier ici de ses avis, dont nous reconnaissions l'excellence, mais qu'il nous était, hélas! impossible d'appliquer. En fait, chaque jour qui s'écoulait diminuait nos moyens de résistance; la simple prolongation de la lutte devait nous faire tomber les armes des mains. Tout mouvement révolutionnaire qui n'atteint pas son but du premier bond peut être regardé comme avorté. En lançant les bataillons fédérés sur Versailles, le 20 mars, le Comité central se rendait maître de la situation. Le 25, il était déjà trop tard. Par suite, la Révolution était condamnée, et ces deux mois de bataille ne furent qu'une longue agonie. Les causes de notre désastre sont multiples. La principale, celle dont naquirent toutes les autres, fut la complète inexpérience politique des classes qui firent le mouvement du 18 Mars. Assez braves pour se dévouer et pour mourir, elles n'étaient pas encore en état de rien fonder, surtout au milieu de circonstances aussi difficiles.

Durant cette formidable crise, pas un homme supérieur n'est sorti de leurs rangs. Le dévouement et le courage abondaient, l'esprit politique et la pratique des affaires manquaient presque complètement.

De là les fautes nombreuses dont périt la Commune. Les délégués à la guerre n'en furent malheureusement pas exempts. La plus grave des fautes militaires, celle qui porta un coup fatal aux forces insurrectionnelles, fut le décret de Cluseret réorganisant les compagnies de marche, et obligeant au service actif tous les hommes de dix-sept à quarante ans. Avec le service obligatoire apparurent les réfractaires, et en même temps commencèrent les dénonciations avec leur cortège de poursuites, de perquisitions et autres abus aussi révoltants qu'ils étaient inutiles dans une ville comme Paris. Et ce fut encore là le moindre inconvénient de ce funeste décret. Avant, il existait des bataillons ; après, il n'y en eut plus. Une réorganisation en présence de l'ennemi est une tâche écrasante pour un gouvernement solide et indiscuté. Pour une insurrection, ce sera toujours une épreuve mortelle, à moins qu'elle n'ait devant elle l'espace et le temps. Et l'ennemi était aux portes, et il n'y avait pas une heure à perdre ! Deux cents bataillons, trente batteries, dix escadrons et dix compagnies du génie à former, cela veut dire 3,000 officiers et 12,000 sous-officiers et caporaux à élire. Que de prétextes de désordre, que d'occasions pour nos adversaires de nous mettre des bâtons dans les roues !

Les bataillons étaient répartis en vingt légions, une par arrondissement. Chaque état-major de légion était une vraie pétaudière. Le colonel M***, placé par Cluseret à la tête du service d'organisation trahissait la Commune. Il présentait de faux états, et fit si bien, que le 22 mai l'organisation de la plupart des légions était encore incomplète. Il avait sous ses ordres un homme qui ne lui ressemblait guère, Jules Renard, jeune professeur, volontaire durant la guerre allemande. Au mois de novembre, quand il apprit la mort de Rossel, le pauvre garçon alla se livrer lui-même. Les conseils de guerre le condamnèrent à la déportation.

Les élections militaires portèrent le désordre au plus haut point et les chefs perdirent l'ombre d'autorité qu'ils possédaient encore. Il aurait fallu des exemples sévères, surtout sur les officiers supérieurs. La Commune n'en voulut pas. On proposa de substituer, sans fracas et sans phrases, l'avancement mérité à l'élection, et d'éliminer les incapables et les indisciplinés. La Commune refusa : cela lui paraissait un premier pas dans la voie des usurpations militaires. On essaya de former des corps francs soumis à une discipline sévère : on cria que ce n'étaient là que des prétoriens, et l'on mit des obstacles à leur organisation. Les membres de la Commune ayant lu que le despotisme militaire avait été l'écueil de toutes les révolutions, s'occupaient activement à contrecarrer les efforts des délégués à la guerre pour organiser des troupes solides. Ils voyaient déjà Rossel et Cluseret proclamés empereurs par les bataillons parisiens. D'autres, écume de la bohème littéraire, rugissaient d'indignation à la seule idée de discipline. Les élections continuèrent et les états-majors furent encombrés d'officiers sérieux qui auraient pu rendre de bons services à la tête des bataillons ou des compagnies. En un mot, les chefs favoris de la Commune n'étaient pas Cluseret, Rossel ou La Cécilia, mais bien MM. Eudes, Bergeret et Mégy.

De ce dernier il sera parlé plus loin. M. Eudes est

un beau grand garçon, assez intelligent, mais parfaitement ignorant des choses de la guerre et de bien d'autres encore. Mais il était brave, sincère, et, chose assez rare chez les hommes improvisés généraux, il reconnaissait son incompétence, et savait s'effacer en présence d'un homme du métier. M. Bergeret, quoique ancien sous-officier, n'en savait pas plus long que M. Eudes, mais il avait le défaut de se croire un général sérieux. Par parenthèse, la fameuse dépêche qui l'a rendu si ridicule : « Bergeret lui-même est à Neuilly », n'est pas de lui. Elle fut adressée à la Commune par M. H. P., qui n'attacha aucune importance à ces mots malencontreux.

C'est surtout au sujet de la cour martiale que la Commune dévoila ses craintes puériles.

Cette cour fut constituée à la demande de Cluseret, et le Comité exécutif nomma pour la présider Rossel, alors chef d'état-major général.

Le 22 avril, la Cour condamna à mort un chef de bataillon pour refus d'obéissance devant l'ennemi. Ce commandant avait des antécédents démocratiques. De là, plaintes, protestations, députations. La commission exécutive cassa la sentence, en s'appuyant sur quelques considérants burlesques, dont le moins stupéfiant n'était pas celui-ci : « Considérant que le chef d'état-major président de la cour est à la fois juge et partie !... » Les malheureux oubliaient qu'ils avaient nommé Rossel président de la cour martiale, précisément en sa qualité de chef d'état-major. Le 27 avril, Rossel donna sa démission. « Pour la seconde fois, a-t-il écrit plus tard, ma bonne étoile m'offrait une occasion et des motifs valables pour abandonner cette révolution incohérente. » Mais sans doute, il fallait qu'aucune amertume ne fût épargnée à notre défaite, et Rossel, un des plus jeunes défenseurs de la Révolution, devait, comme le vieux Delescluze, austère représentant d'une génération de républicains prête à disparaître, contribuer à fournir cette libation de sang qui, suivant le poète, doit arroser toute doctrine nouvelle :

Toute idée est mortelle à ses premiers apôtres.

Cluseret pria Rossel de continuer à expédier les affaires jusqu'à ce qu'il lui eût donné un successeur. Mais Cluseret était lui-même fort menacé. La Commune lui reprochait son manque d'énergie et de décision. Le banal reproche de trahison était même articulé. Rossel fut sondé pour savoir s'il accepterait la direction des affaires militaires.

Le 28 avril au soir, l'arrestation de Cluseret fut décidée.

Le 29 au matin, le commandant du fort d'Issy fit tout à coup savoir, par dépêche télégraphique, que le fort, tourné à droite, n'était plus tenable, et qu'il lui fallait un renfort de deux mille hommes. Cluseret répondit : « Je vais au fort, tenez ferme. » Nouvelle dépêche :

« J'encloue les canons, et j'évacue le fort. » Réponse de Cluseret : « Je vous le défends ; j'arrive. » Puis il partit immédiatement avec La Cécilia, qui se trouvait en ce moment au ministère.

A peine étaient-ils sortis qu'un officier arriva. Mégy avait évacué le fort et se présentait avec la garnison à la porte d'Issy. J'envoyai l'ordre de lever le pont et de tirer sur les fuyards. L'officier repartit au galop. Un instant après Mégy lui-même entra dans le bureau. Il n'avait pas perdu de temps.

Naturellement, je fus stupéfait ; j'emmenai Mégy dans la chambre de Cluseret, et Rossel, qui était là, entra avec nous : « Pourquoi avez-vous abandonné votre poste ? — Il ne me restait plus que dix-sept hommes, j'aurais pu être pris. Ç'aurait été ridicule. J'ai laissé un homme chargé de faire sauter le fort. — C'est une sorte d'affaire dont on doit se charger soi-même. — J'accepte la responsabilité de mes actes devant la Commune. — Parbleu ! c'est infiniment moins dangereux que de rester au fort d'Issy. » Et de fait il ne fut pas même inquiété ! Chose singulière, et qui mérite d'attirer l'attention du psychologue : comme simple soldat, Mégy était brave ; poursuivi après le 31 octobre, il s'enrôla sous un faux nom, dans un bataillon de marche. Mais la vie de Mégy, colonel, lui semblait beaucoup plus précieuse que celle de Mégy, simple garde.

Pendant ce temps, Cluseret et La Cécilia arrivaient à Issy. Un bataillon d'environ deux cents hommes occupait le village; les deux généraux les introduisirent dans le fort. Les assiégeants s'étaient bien aperçus qu'il était évacué, mais, le croyant miné, ils n'avaient pas osé y pénétrer. Il leur eût été assez facile d'en interdire l'accès aux fédérés; ils ne le firent point. On trouva à son poste le soldat chargé de le faire sauter; c'était un tout jeune homme, presque un enfant. Le fort n'étant point miné, le pauvre garçon s'était assis sur une caisse de cartouches, il n'aurait réussi à faire sauter que lui seul. Ainsi, deux cents hommes réoccupèrent cet ouvrage que le commandant disait ne pouvoir tenir sans un renfort de deux mille. Il était si loin d'être intenable, qu'il résista dix jours encore; et il aurait pu tenir plus longtemps, vu la très médiocre qualité des troupes assiégeantes, conduites par des généraux qui avaient donné les preuves de leur incapacité durant la guerre contre l'Allemagne. Mais nos adversaires avaient pour eux le nombre, la discipline, et de nombreux complices au milieu de nous. Sous tout cela nous devions fatalement succomber. A son retour, Cluseret fut arrêté. Cette arrestation ne fut pas connue sur-le-champ au ministère. Vers sept heures du soir, en rentrant, je trouvai Rossel dictant des ordres.

« Où est Cluseret? » demandai-je.

Rossel me prit à part : « Cluseret est arrêté, me dit-il, et je suis nommé délégué à la guerre. » Pour bien des raisons je préférais Rossel à Cluseret ; mais, indigné de ce coup brutal, je me fâchai et ne pus m'empêcher de faire entendre quelques dures vérités à plusieurs membres de la Commune, qui se trouvaient là je ne sais trop pourquoi. Puis, muni d'une lettre de Rossel, je me rendis chez Delescluze, pour tenter d'obtenir au moins la liberté personnelle de Cluseret. Delescluze était souffrant, il me reçut néanmoins, mais il croyait Cluseret coupable. Après un échange de paroles assez vives, je m'en allai sans avoir pu rien obtenir.

La nomination de Rossel fut bien accueillie au ministère. Tout d'abord, ceux qui l'approchaient avaient été frappés, et en même temps captivés, par les manières, l'activité et la puissante intelligence du jeune délégué. Son nom même n'était pas très connu, et ce n'était pas sans peine qu'on déchiffrait sa signature presque illisible. Tout ce qu'on pouvait dire de lui, c'était qu'il avait été officier, et ce peu de mystère était loin de lui nuire. Il possédait à un très haut degré le don des hommes extraordinaires de savoir inspirer l'enthousiasme et le dévouement. Le jeune Renard, allant se livrer aux conseils de guerre après la mort de son chef, en est un exemple remarquable. Si Rossel eût pu se mettre en communication directe avec les soldats, il eût, sans aucun doute, acquis sur ces âmes simples une influence plus grande encore que sur ses officiers. Hélas! c'eût été sa perte. La Commune aurait crié à l'usurpation.

Il avait encore cette précieuse qualité du véritable homme de guerre, de préférer ceux qui savaient avoir de l'initiative à ceux qui obéissaient passivement.

« Agissez par vous-même, répétait-il à son chef d'état-major; l'important à la guerre n'est pas de se décider bien, mais de se décider vite. »

Chose rare chez un soldat, et qui montre bien la largeur de son esprit, il ne redoutait pas la discussion, et pensait qu'une presse libre était le meilleur guide, le plus ferme soutien et le plus sage conseiller d'un gouvernement. Combien supérieur il était sous ce rapport aux pâles révolutionnaires de la Commune qui ne voulurent jamais consentir à la publicité de leurs séances et supprimèrent plus de journaux que le gouvernement ennemi. La Commune avait trouvé un homme; malheureusement pour la République, elle ne sut que le soupçonner et lui susciter des obstacles.

A partir du 30 avril, l'activité de nos bureaux, déjà très grande, redoubla. Rossel voulait réunir des forces capables de tenter un grand coup en avant des murs. Rétablir la discipline, il n'y fallait pas songer; mais on pouvait au moins enrayer les progrès de la désorganisation; beaucoup d'hommes touchaient la solde, mais le nombre des combattants diminuait à chaque appel.

La lutte avait trop duré, la patience s'usait. Jamais armée ne fut mieux payée et mieux nourrie que l'armée parisienne, et nulle part le service n'eût été moins dur sans le fatal décret de réorganisation. Mais grâce au colonel, M.***, un petit nombre de bataillons seulement étaient organisés, et c'étaient toujours les mêmes qu'on envoyait au feu. Cette inégalité acheva de ruiner la discipline, qui dans les derniers jours avait complètement disparu. Ce n'était cependant pas le courage qui manquait; on le vit bien devant les pelotons d'exécution, durant les égorgements des derniers jours.

Rossel entreprit de former des régiments de marche, chacun de huit bataillons pris dans des légions différentes. Ces régiments devaient être cantonnés hors de Paris, car rien n'est funeste au soldat en campagne comme le voisinage de ses foyers. On espérait obtenir ainsi un triple résultat : d'abord soustraire le soldat aux influences de la famille, du club et du cabaret, annuler les états-majors des légions ; enfin trouver le moyen d'utiliser une foule d'officiers de valeur que le système électif laissait sans emploi. Beaucoup de ces officiers, par cela même qu'ils étaient hommes du métier, étaient suspects à la Commune. Les Vichard, les Durassier, ne furent employés qu'à contre-cœur ou mal à propos, tandis que M. Bergeret continua jusqu'à la fin à être pris au sérieux par beaucoup de ses collègues ; il n'excitait la jalousie de personne et n'alarmait aucune vanité.

Sa tentative d'organisation perdit Rossel, en le mettant en conflit avec les états-majors des légions qui, à part quelques honorables exceptions, étaient bien la plus belle collection de fainéants, de traîtres et de poltrons qu'on puisse imaginer. Les chefs de légions protestèrent auprès de la Commune. Ils furent chaudement appuyés par M. Félix Pyat, dont Rossel — ô sacrilège ! — avait blessé l'incommensurable vanité. Sur ces entrefaites, le fort d'Issy, abandonné de sa garnison, fut occupé par l'ennemi.

Ce fort, très maltraité durant le premier siège, n'avait pas été réparé. Dominé de tous côtés par des hauteurs, ce n'était qu'un nid à bombes et il a été démoli après la Commune. Depuis un mois, il avait à supporter un bombardement terrible. Tous les canons étaient démontés, les parapets abattus, les casemates effondrées, à l'exception de deux petites auprès de l'entrée. Plus de soixante-dix pièces tonnaient nuit et jour contre cet amas de décombres, où peu de troupes régulières auraient tenu aussi longtemps que les gardes nationaux parisiens. Ce fort prenait en écharpe toute la ligne des remparts du Point-du-Jour à la porte Maillot. Le Valérien et la batterie de quatre-vingts pièces établie à Montretout, — batterie qui, par parenthèse, fit beaucoup plus de bruit que de besogne, — battaient de front cette portion de nos lignes. Le fort d'Issy pris, les assiégeants pouvaient entrer dans la ville quand il leur plaisait, et l'on ne peut comprendre pourquoi ils attendirent jusqu'au 21 mai pour y pénétrer par une porte qui n'était pas gardée. Rossel comprenait que le fort ne pouvait plus tenir bien longtemps, il voulait seulement prolonger sa résistance passive jusqu'à ce qu'on eût pu construire en arrière un nouvel ouvrage qui, le couvrant de feux, eût annulé les avantages que l'ennemi pouvait tirer de sa possession. Il avait plusieurs fois changé le commandant, espérant enfin trouver un homme digne de ce poste, et, bien que sa présence fût indispensable au ministère, il était allé deux fois lui-même au fort pour relever le moral de la garnison. Tout ce qu'elle demandait, hommes, vivres et munitions y était immédiatement envoyé. Enfin, le 8 mai au soir, le chef d'état-major, qui était allé visiter les batteries du Point-du-Jour, fit ouvrir le feu de ces batteries, pour soulager la droite du fort qui ne tirait plus. Le ciel était sombre et les casernes du fort de Vanves, incendiées par les obus, flambaient au loin dans la nuit noire.

A son retour au ministère, où il trouva Rossel aux prises avec les chefs de légion, le chef d'état-major partit pour Issy. L'ennemi touchait aux premières maisons du village. Au quartier général, personne. Enfin, Brunel, qui avait remplacé Wetzel, arriva. Il annonça que le fort était évacué, mais il ajouta qu'il allait immédiatement le faire réoccuper. Il était alors deux heures du matin. Le chef d'état-major, brisé de fatigue, se jeta sur un matelas. A trois heures on le réveilla. La colonne envoyée vers le fort avait, disait-on, été prise tout entière. C'était faux : elle s'était débandée. Le chef d'état-major ordonna qu'on la reformât et voulut la conduire lui-même. L'héroïque Lisbonne, qui venait d'arriver avec cent cinquante volontaires choisis pour un coup de main, dit qu'il allait réoccuper le fort et que le chef d'état-major ferait mieux de retourner au ministère informer Rossel de ce qui se passait. Cela fut fait, et de ce moment jusqu'à onze heures on resta sans nouvelles au ministère.

A ce moment, l'observatoire établi sur l'Arc-de-l'Étoile nous envoya une dépêche ainsi conçue : « Le drapeau tricolore flotte sur le fort d'Issy ; beaucoup de troupes arrivent. »

A midi, nous reçûmes de l'observatoire de la Muette un autre télégramme : « Le drapeau tricolore flotte à l'angle sud du fort d'Issy. La seconde colonne envoyée pour réoccuper le fort avait été dispersée comme la première et, chose étrange, huit heures plus tard, on n'en avait encore informé ni la Commune ni le délégué à la guerre.

Rossel fit immédiatement afficher cette nouvelle en employant les mots mêmes de la dépêche : « Le drapeau tricolore flotte sur le fort d'Issy ». Puis il écrivit à la Commune une lettre qu'il communiqua à son chef d'état-major en lui demandant son avis. Rossel établissait l'impossibilité de faire quoi que ce soit, avec une assemblée arrivée à l'état d'esprit où se trouvait la Commune et demandait, en terminant, une cellule à Mazas. Plusieurs copies furent envoyées à différents journaux.

La Commune qui, suivant la manie propre à tous les gouvernements présents, passés — et vraisemblablement — futurs, altérait toutes les dépêches défavorables, fut très irritée de nos affiches, Rossel fut déclaré traître, et plusieurs membres de la Commune furent envoyés pour l'arrêter.

Ils ne remplirent point leur mission, mais se contentèrent de charger la Commission militaire qui avait été installée au ministère de surveiller étroitement le délégué. Rossel continua à expédier les affaires, mais refusa d'apposer sa signature à aucune pièce. Le 10 au matin, accompagné des membres de la Commission, il partit pour assister à la séance de la Commune. « Au revoir, » me dit-il, en me serrant la main.

Je ne le revis plus.

Ce qui suivit est assez connu. Menacé d'être traduit devant une cour martiale, où auraient siégé des hommes qui le haïssaient, il s'échappa de l'hôtel de ville.

Le soir, Delescluze, accompagné de quelques-uns de ses collègues, vint prendre possession du ministère. En entrant, il me demanda si je répondais de la résistance pour la nuit. Cette question révèle l'état de son esprit, lorsque, faisant à sa cause un dernier sacrifice, il accepta le poste de délégué à la guerre.

J'étais à bout de forces, découragé, écœuré, et presque un objet de défiance pour ce vieillard aigri par de longues années de souffrance. Je mis mon successeur au courant des affaires, et le 12 mai je donnai ma démission.

Le 22 mai à l'hôtel de ville, un de nos anciens aides de camp, déjà blessé, me disait : « Oh ! je ne désespère pas, j'attends Rossel, il va bientôt reparaître et tout sauver ! » Cette naïve confiance montre l'opinion qu'avaient de Rossel ceux qui l'avaient vu au travail et au feu.

Six mois plus tard, proscrit, caché sous un faux nom, j'appris d'une grosse dame, qui souriait de plaisir à cette nouvelle, que mon noble ami venait d'être fusillé le matin.

Sceaux. — Imp. Charaire et fils.

www.ingramcontent.com/pod-product-compliance
Lightning Source LLC
LaVergne TN
LVHW010307230826
846091LV00007BB/2760

* 9 7 8 2 0 1 2 9 3 6 9 7 3 *